JN411239

저, 빗소리에

심지시선 024

저, 빗소리에

2014년 5월 9일 초판 1쇄 발행

지은이 김순선
펴낸이 윤영진
편 집 함순례
디자인 한천규 이경훈
펴낸곳 도서출판 심지
등록 제 253호
주소 300 - 812 대전광역시 동구 대전로 867번길 46(삼성동)
전화 042 635 9942
팩스 042 635 9941
전자우편 simji42@hanmail.net

ISBN 978-89-6627-064-4 03810

* 이 책은 제작비의 일부를 '제주문화예술재단' 에서 지원받았습니다

심지시선 024

저, 빗소리에

김순선 시집

심지

□ 시인의 말

벚나무 가로수가 많은 동네로 이사 오고

네 번째 벚꽃이 피고 있습니다

오래 견디고

거침없이 약동하는 봄의 서정에 깃들어

두 번째 허물을 벗습니다

2014년 봄

김순선

차례

제2부 저, 빗소리에

제3부 구경꾼

제4부 잃어버린 마을

제1부
새벽에 만나는 여자

감물 들이며

머뭇거리는 여름에
작대기 하나 세워 놓고

지나간 세월을 갈아
주물럭
주물럭

녹색 감물에 노을을 풀어
활활 타오르는
단풍빛으로

다시 태어나기를
꿈꾸고 싶어라

버스 안 명강의

"며느리가 살랑살랑 해요"
"살랑살랑 하지요"
"그래도 나는 너무 살랑거리면 싫습디다"
"그저 진실 되게 조금만 살랑거려야지"
"아무래도 며느리는 며느리지요"

오일장날 버스 안에서
두 귀를 쫑긋 세우게 하는 대화를 엿들었다
일부러 그런 건 아니지만
앞좌석에 앉은 어머니들의 대화가 하도 재미있어서
소리 없는 웃음을 웃으며
속으로 맞장구를 쳤다

얼마나 아름다운 말인가
봄바람처럼
행복이 묻어나는
아, 나에게도 그 살랑거림이 있다면

내 삶에 아지랑이 피어나리

식목일

좁은 사우나실 돌의자에 앉아
눈 감고 고해성사 하듯
비지땀을 흘리는데
건너편 입구 쪽에서 들려오는 이야기
"요즘도 고로쇠 짬수과"
"삼월 초에 다 끝났지"

김빠진 포카리 같은 것
허리에 주렁주렁 고무호스를 달고
허연 물 뿜어내다가도 잎이 돋기 시작하면
입을 꽉 다물어버린다는

고로쇠나무의 고통이 전이되면서
십자가형틀에서 창에 찔리고 피와 물을 다 쏟아 놓으셨던
그분 음성이 들리는 듯하다

'너도,

누군가를 위해 고로쇠나무 되어라'

지금껏 누구를 위해 손바닥만 한 그늘 되어보지 못했고
배추 한 포기 스스로 키워보지 못한 내가

얼떨결, 뜨거운 사우나실 돌의자에 앉아
한 그루 고로쇠나무를 심었다

새벽에 만나는 여자

구제주로 이사 온 첫 새벽
가로수 길을 따라 걷다가
사거리에서 처음 만난 여자
작은 키에 호리호리한 몸매
가방을 끌며 어둠을 몰고 지나간 여자

다음날도, 그 다음날에도
눈발이 날리는 날에도
어김없이 가방을 끌고 지나간다
무슨 일을 할까?

벚꽃 만발한 어느 날
가로등보다 더 선명한 맨 얼굴
아,
오거리 사우나 때밀이 아줌마

가족의 따뜻한 밥상을 위하여
보도블럭 사이를 비집고

민들레가 용트림하듯

새벽마다
목욕탕으로 출근하는 여자

때죽나무 종 되어

사려니 숲 황톳길에
때죽나무 가지마다 꽃향기 만발해
숲을 적시네

사려니 숲 황톳길에
간밤에 내려온 하얀 별무리들
눈이 부셔 차마 밟지 못하네

나, 때죽나무 은은한 종이 되어
진동하는 여름을 살겠네
꿀벌의 주파수 붕붕거리며
사려니, 사려니, 살겠네

덕담

선달그믐날
두루미 한 마리 날아왔다

앞집
청기와 대문 용마루 위에
사뿐히 날개를 접는다

이리 오너라,
쩌렁쩌렁한 선비의 목소리가 들릴 것 같은
찰나

찍!
청기와 대문 용마루에
절후의 한 획을 남기고
유유히 날아간다

동전을 주우며

식당가 골목에
10원짜리 동전 한 개 떨어져 있네
그깟, 10원짜리
나도 그냥 지나갔지

며칠 후, 그 골목길 다시 지나갈 때
반짝!
내 발을 붙드는 구릿빛 웃음

큰 것, 앞에서는 고개를 숙이고
높은 사람 앞에서는
허리를 굽히면서도
작고 보잘 것 없다고 외면해 버린

거대한 다보탑이 숨 쉬고 있는
작은 거인,

월대천의 봄

외도 바람은 가시가 없다

아라동의 눈도
신제주의 쌀쌀한 바람도
월대천 밑으로 숨어 버린다

동장군 같은 운동기구와
그림자 하나 없던 산책로에도
노송의 향기가 번져
밖으로 아이들을 부르고 있다

바다와 민물이 합방하여
햇살에 몸 비비며
월대천 은어의 지느러미가
반짝이고 있다

그 여자는 모른다

윗집에 윗집 여자는 항상
점심때가 되면
똑각똑각
나를 밟고 올라간다
한 번도 마주친 적은 없지만
아마 점심을 먹으러 잠깐 들리는 것 같다
그 여자는 내가 하루 종일 그 여자의 집을 머리에 이고 있는 줄 모른다

라면에 김치를 먹든
커피 한 잔에 빵을 먹든
아침에 먹다 남은 나물들을 모두 넣어 고추장에 비빌 때쯤
나는 슬며시 수저 한 벌 머리 위로 올려놓는다
그 여자는 모른다
내가 원 플러스 원 밥상을 차린다는 것을

윗집 여자는 항상

야간 근무를 하고 모두가 잠든 새벽에 돌아와서
샤워를 한다
그때쯤 나는 습관적으로
볼일 보러 일어난다
더듬더듬 화장실 문을 열면
시냇물 소리 들린다
비몽사몽
변기 위에 앉아 가만히 눈을 감으면
머리 위로 흐르는 시냇물이
내 몸의 고단함을 씻어준다
그 여자는 모른다
내가 원 플러스 원 샤워를 즐긴다는 것을

윗집, 윗집에 윗집 여자를 머리에 이고 사는 특혜다
나는 내일도 윗집에 윗집 여자의 구두 소리를 들으며
슬며시 수저를 올려놓고
윗집 여자의 샤워 물소리로
하루의 고단함을 씻으며 아침을 열 것이다

그 여자는 모른다
내가 매일 원 플러스 원 특혜를 즐긴다는 것을
윗집, 윗집에 윗집 여자를 머리에 이고 산다는 것을

맹종죽

수직으로 서서
하늘과 소통하고 싶은 사람
한라의 오백장군 기상이
청자빛으로 흐른다

마디마디 매듭을 따라
사다리를 오르면 하늘에 닿을 듯
종착역엔 초록 대문이 열려 있다

사랑은 아래로 아래로
낮은 곳에선 죽순을 키워내는
속이 터엉 비어 아름다운 사람

일기도

바람 부는 날은
까닭 없는 슬픔이 밀려와 서러워진다

금붕어처럼 팅팅 부은 눈으로
빼끔 빼끔
과거를 추억하기도 하고
흔들리는 나무의 혼돈 속에
생활에 경직된 모공을 열어놓으면

아프리카에서 들려오는
북소리 같은 바람은
박하사탕 같은 알싸한 오르가슴으로
괴성을 지른다

기상청 예보 따라
먼 바다와 앞바다 사이를
물살을 거슬러 올라가듯

풍향 화살표
비, 안개를 꽁무니에 달고
오늘은 곡선 위에
정자모양의 그림을 그려놓는다

산딸나무

바람 한 점 없어
고유가로 추락 했나
작고 귀여운 바람개비,
선한 눈을 가진 산딸나무 한 송이

산책로 계단에서 나를 붙드네
쉬었다 가시라고
허리 한번 펴시라고

그 향기로운
생수 한 모금

제2부
저, 빗소리에

풍경

봄비가 지나간 한두기 바다는
모래밭에 장서를 썼다 지운다

낮은 하늘은
생크림 같은 구름
한입 베어 먹으라고 넌지시 내밀고

등대 끝 삼발이에 앉아 있는 갈매기는
한폭의 수묵화를 감상하듯
사라봉 팔각정에 시선이 멈추었다

오수에 잠긴 듯 조용한 바다
까치발로 다가와서 소리 없이 흔들릴 때
나도 풍경이 되어
흔들리는가

배려와 희생 사이

한적한 대로변 인도 옆에
잎이 다 떨어진 대추나무와 무화과나무가
치아교정 하듯
기다란 줄에 벽돌을 매달고 있다

위로 뻗는 가지를 옆으로 자라게 하려고
가지마다 벽돌을 매달아 놓았다

그 대추나무와 무화과나무 사이
인도 옆 화단이 뒤뜰인양
두 나무를 키우는
낮은 지붕 작은 창문이 있다

대추나무엔 아직도
어미의 마음 같은 대추알 두엇 말라가고
나무는 무거운 벽돌을 목에 걸고
겨울을 맞이하고 있다

그림자놀이

쓰레기 버리러 집을 나서는데
그림자 졸졸 따라온다

쓰레기 버리고 돌아서는데
그림자 먼저 앞장서 있다

돌아서면 따라오고
돌아서면 앞장서고

엄마가 되었다
딸이 되었다

한참이나,
가로등 앞에서 그림자놀이하다
내가 먼저 엄마 뒤를 따라 나섰다

부항 뜨는 여자

호명 순서에 따라 제단 앞에 선다
알몸으로 납작 엎디면
하마 같은 몸을 씰룩거리며
아랫입술로 윗입술을 베어 문 부항 뜨는 여자

도마 위에 생선 올려놓고 손질하듯
목에서 어깨로, 허리에서 발바닥까지
권총 같은 부항흡입기를 돌리며 주문 외듯
구슬땀 흘린다

부항컵 하나 붙일 때마다
악어 비늘 하나 돋아난다
부항컵 갯수가 늘어날수록
악어가 살아 움직인다
잠을 깬 거대한 악어 한 마리
물보라 일으키며 수증기 헤치고
탕 속으로 들어올 것 같다

저녁먹이 찾아 활동을 개시하려는 듯
악어 비늘 번득일 때
부항 뜨는 여자,
노련한 조련사의 손놀림같이
작은 실핏줄 나긋나긋 다독이며
악어 혈기 잠재운다
비늘 하나 떼어낼 때마다
통장 잔고가 늘어나듯
온몸에
동그란 연속무늬 문신이 새겨진다

삼발이 누드 만난 날

오후 2시의 햇살은 옅은 황사 속에서도
멸치떼가 팔딱거리듯 반짝인다
서부두 테마거리에 들어설 때
한두기 쪽에서 비행기가 떠오르고
비행기 소음은 테마거리를 안내방송 하듯
생각을 끌고 날아간다

애완견과 산책하지 마세요.
인라인 스케이트나 자전거를 타지 마세요.
음식은 취사 섭취하지 마세요.
낚시하지 마세요.
폭죽 사용은 주위 분들에게 피해를 주니 삼가 하세요.
환청 같은 비행기 소음이 희미해지며
구름 속으로 반딧불같이 사라진다

작은 돌멩이로 굴 깨 먹던
비릿한 유년의 추억 떠올리며
주머니 속에서 만지작거리던 사탕 하나 입에 넣고

방파제 부조길 따라 걸었다

성개, 배말, 전복, 소라를 만나고
갈매기와 눈인사하며
불가사리 앞에서 불가사리를 만지다 불가사이한 불씨가 번졌다
등대 옆에 어깨를 맞대어 일광욕하고 있는
헨리무어의 조각 같은
삼발이 누드를 만났다

그의 당당함을
그의 솔직함을

수선집

그는 칠성통 번화가 일류 의상실 디자이너였다
그 의상실은 은행만큼이나 문턱이 높았다
내로라하는 사람들이 드나드는
'고급' 이란 계급을 갖고 있었다
보통여자들이 한 번쯤 들어가 보고 싶고
한 벌쯤 입고 싶어 하던 맞춤복 집이었다

지금은 시대에 밀려 뒷걸음질 치듯
후미진 뒷골목으로 밀려나
간판도 없는 유리창에
'고급 의상이나 밍크코트를 고쳐 드립니다.' 라고 써놓고
수선집을 하고 있다

그는 아직도 마지막 자존심
'고급' 이란 뿔을 머리에 달고 있다

수선화

사라봉 오르는 사람들 발자국소리에
새벽부터 부지런 떨었나
강낭콩 꼬투리에 알통 만들듯
불룩불룩
소한, 대한 견디며 배불러 오던 날
입춘 예정일을 앞두고
양수가 터지고
끙,
아랫도리에 힘주어
온몸으로 꽃봉오리 밀어 올렸나

혼절하듯 꽃향기에 취해
사라봉 타오르는
봄빛
사람들,

주차장

그는 태어날 때부터 짐꾼이었다
처자식을 먹여 살린다기보다
주인을 먹여 살리기 위해 충직할 수밖에 없는
주인의 노예다
하루 종일 지게를 져 나르듯
경차에서 고급승용차 봉고 버스 트럭 닥치는 대로
그의 어깨를 빌렸다

주말은 주말대로
평일은 평일대로 인근주민들은 물론
신혼부부 관광객 중국인들까지 합세하여
밤늦게까지 마트에 불을 밝히면
몸살 날 틈도 없이 땀을 흘리다
모두 집으로 돌아간 다음에야
어깨를 내려놓는다

그에겐 돌아갈 집도 처자식도 없다
서부두 방파제를 바라보는 텅 빈 가슴과

어깨에 깊이 패인 자국
주차선만이 쓸쓸하다

냉장고가 고장 나던 날

그는 십년지기다
바다 같은 넉넉함으로 경청하던 사람
내가 손을 내밀면
아낌없이 내어 주던 어머니같이
목이 마를 때나
생활에 치여 시들시들 하다가도
그가 잠시 보듬어 주면
금세 풋풋해진다

비린내 나는 몸을 맡겨도
쓰다 남은 것을
먹다 남은 것을
아무렇게나 갖다 주어도
그래, 그래 다 받아 준다

숭숭 구멍 난 가슴으로
바람을 다스리며
올레를 지키는 현무암같이

당연하다고만 생각했다
그는 언제나 팔팔할 줄만 알았다

이 무더운 여름날
그가 아프다 한다
내가 늙어가고 있다

저, 빗소리에

만약,
꽃이 한번 피고 영영 질줄 모른다면
그때도 아름답게 보일까

길가나 로터리에 잘 가꾸어놓은 꽃도
때론,
제복을 입은 마네킹같이
성형 가면을 쓴 웃음이
낯설 때도 있는데

오늘따라
오름 어느 자락에 없는 듯 피어있던
작은 들꽃 한 송이
자꾸 눈에 아른거린다

다듬지 않아서
쉽게 가까이 다가갈 수 없어서
더 그립고 애틋한

가슴을 두드리는
저, 빗소리에
어딘가에서는 꽃 한 송이 피어나고
어깨를 들썩이는 울음 같은
저, 빗소리에
어딘가에서는 꽃 한 송이 지고 있겠지

꽃은 질 때 더 아름다워야 하리
황홀한 사랑도 저물 때가 있듯이
누군가의 가슴에
더 애틋한 그리움으로
고여 오듯이

꿀을 따는 벌

바람 한 점 없는 이른 아침
북촌리 드림시아 앞
길가에 핀 작은 꽃들이 움직인다

지나가는 자동차 소리에 맞추어
건반을 두드리듯

GS 칼텍스 유니폼을 입고
하품을 하며 지나가는
알바생의 발걸음에 맞추어
줄기가 휘청 휘청

북촌 바다 찰랑거리는 춤사위로
잠수하는 해녀같이

방전된 자동차 옆에서
긴급구조 서비스를 기다리는 초조 속으로
꿀벌의 유영이

꿀벌의 진동이

넘나든다
그네를 탄다

잠수함

잠수함을 타기위해 잠수함 정거장까지
유람선으로 이동했다
유람선은 뜨거운 한낮의 햇볕과 작은 파도에도 어질어질
술 취한 취객 같다

바다 위 정거장은 혼자서 버티기 힘든지
또 다른 배가 밧줄을 걸어놓고
한쪽에서 중심을 잡아주고 있다

오히려, 수심이 깊을수록
흔들림이 없다
조용한 거실에 앉아 수족관을 바라보듯
자리돔이 한가롭게 놀고 있다

바닥까지 내려갔을 땐
바닥은 얕은 물가 같다
낮잠을 자고 있는 모래와 바위
팬터마임을 하고 있는 산호와 해초

너무나 조용한 무언극

아등바등거리는 우리들의
흔들림이 전혀 없는
여기엔,
체면이란 겉옷이 필요 없기 때문이리라

파도는 강남스타일

고구려 평원을 달리듯이
채찍을 휘두르며
크고 작은 오름들 몰고 온다

조랑말 타고
폴짝폴짝 키 재기 하듯
파도는 강남스타일!
침 튀기며 말춤 추는
제 모습이 하도 우수워
방파제 등을 철썩 치며
푸하,

파도는 강남스타일!
너울너울 계사년 바다의 혀를 다스리듯
밤하늘에 메밀꽃 피듯

제3부
구경꾼

더불어 살아가자고

제비가 그늘집 티 하우스로 날아왔다
까만 연미복을 입고
주위를 한번 둘러보고 가더니
이번에는 두 마리가 찾아왔다
입에는 가는 지푸라기를 물고 있다

"여기는 안 돼!"
아가씨의 단호한 어조에
쫓기듯 날아갔다

잠시 후 또
날아왔다
티 하우스 앞에는 키 큰 푸른 나무들이 즐비한데도
도어 문 꼭대기에 앉아
……
말줄임표를 남긴다

열아흐레 달

우표 없는 사연들 달무리지어
뒷목이 뻐근하게 올려다보면
풍선에 공기가 새어나가듯
웃음이 빠져나가고 있는
둥근 밥상

조개송편 만들던 어머니의 손
산적을 만들던 아버지의 마른 기침소리
아파트 남쪽 베란다에 걸려
남몰래 조금씩 야위어가는 시간

길 잃은 귀뚜라미 소리에
점점 시름이 깊어지는
열아흐레 달

쓸모없는 제비집

하룻밤 사이
제비집이 콘크리트 바닥에 떨어져 있다
설마, 부실공사?
그럴 이는 없겠지만
아침마다 단잠을 깨워서
똥만 자꾸 싼다하여
평화라는 이름으로
강제철거를 당했을까?
제비들은 어데 가고
콘크리트 바닥 배설물 위에
넋 놓은 지푸라기 한 줌

노래를 부르지 않는 나의 양심도
쓸모없이
바람에 차이고 있다

갈치배를 마중 나온 고양이

서부두 방파제 막집을 지나
등대 향한 모서리 돌담에
목이 하얀 검은 고양이가 앉아 있다

붉은 해가 사라봉 절벽에서 고개를 내밀고
갈매기 한 마리 개선장군같이
갈치배 앞장서 날아오는데

진영호, 대명호, 동진호…
입항하는 배이름을 확인하듯
갈치배를 바라보는 고양이의 눈이 예사롭지 않다

밤새, 만선을 기원한
가족들의 안도의 미소 같은
고양이의 수염이 쫑긋 움직인다

목련이 피고 지고

철새 무리지어 날아온 듯
목련이 피었다

머나먼 여정을 위하여
잠시, 몸 추스르는 착지

보았는가
스쳤는가

명지바람 훠훠 손을 흔들어
겨울철새 시베리아를 향해 날아오르듯

저 절절한 회향

새벽 바다

바닷가 24시 편의점 앞
야외 테이블 위에 막걸리 한 병 올려놓고
컵도 안주도 없이
고개 숙인 남자

새벽 어시장을 한 바퀴 돌고 나왔는데
아직도 그 남자
기도 중이다

말 못하는 그의 분노가
그의 실패가
그의 좌절이

막걸리 속에서 익어가고 있다
그 절절한 기도가 새 노래로 숙성되어
따스한 햇살로 번지기를,

고개 숙인 남자를 위하여

서둘러 아침을 끌어당기고 있는
새벽 바다가 있다

바다 손금

연휴로
뒹굴뒹굴 게으름 피우다가
방파제로 나갔다
하늘도 나처럼 세수를 안했는지
꾀죄죄하기에
바다는 어떨까 고개 숙이는데
온몸에 닭살 돋았다

검푸른 산맥이 꿈틀꿈틀 살아 움직이는
실핏줄 같은 등고선이 섬세하게 드러난 대동여지도
하,
경이로운 바다의 손금

나도 모르게 내 손을 펴 보았다
그동안 손등에 가려 자세히 보지 못했던
거미줄같이 복잡한 지하철 노선 같은
육십 평생의 삶을 대변해 주듯
거기엔

수많은 잔뿌리들이 가지를 치며
자라고 있었다

물의 파장 같은 삶의 파장이

기본횟집

전농로 기본횟집 수족관은
다문화 가정
덩치 큰 방어
가무잡잡한 넙치
육체미를 뽐내는 참돔
멀대같이 키가 큰 붕장어
꼬리에 꼬리를 무는
무용담이 출렁이는 곳

전농로 기본횟집 수족관은
간이 종착지
전농로에 살포시 어둠이 내려앉으면
수족관에선 넙치의 은유가 흐르고
피브이시 둥근 통 속에선
고향을 떠나온 붕장어의 꿈이
멀뚱거리는 곳

먹고 먹히는 먹이사슬에서

살아남은 자의 오만을
내려놓아야 하는 곳
속절 없이,

구경꾼

밤새 불 밝히던 갈치배가
새벽을 내려놓고
늘어지게 하품하는 늦은 아침

낚시꾼들 띄엄띄엄 낚싯대 드리우고
그림같이 잔잔한 바다에서
해녀들 숨비소리 간간이 들려오는 시간

먼 나라에서 온 것 같은
술독으로 얼굴이 새까만 김 씨 할아버지
깡마른 체구 이끌고 동네 나무그늘에 앉아 장기 훈수 두듯
낚시꾼 뒤에 그림자같이 앉아 있다

반겨줄 사람도 갈만한 곳도 없지만
고향 같은 바다냄새에 취하고 싶었는지도 모른다
어깨너머 낚싯대를 바라보는 김 씨 할아버지
짭조름한 갯내음 같은

월척을 꿈꾸던 시절에 닿았는가
찌가 흔들릴 때마다
파르르 떨리는 눈가의 주름을
기어코 보고야 말았다

제4부
잃어버린 마을

평화의 씨앗

봄으로 따뜻한 겉옷을 만들어
들판을 덮어도
제주 4 · 3공원 추모 광장은
보라바람에
살이 에인다

불칸낭에 새순이 돋고
동백꽃은 점점 붉어져도
사람들은 앵무새가 되어갈 뿐

길 잃은 새들이 날아와 깃들
사랑의 가지 하나 없어
진정
봄은 멀기만 한가

잃어버린 마을

눈 감으면
그림책 하나 펼쳐진다
잃어버린 마을 곤을동
올레 돌담들이 미로처럼 이어져
동화 속 전설 되었다

돌담과 돌담 구멍으로
가설극장 무대 효과음 같은
바람소리 쉉쉉 불어오고
관객 앞에 주인공 손을 흔들며
동네 사람들
돌담 위로 빙세기 얼굴 내밀 것 같다

단체사진 찍듯
돌담과 돌담이 어깨에 손을 얹어
카메라를 쳐다보고 있다
누가 먼저 '김치~' 하고 선창하면
'평화~' 하며 화답할 것 같다

누가 셔터를 누를 것인가?

연좌제

늦은 시간 부산 자갈치 시장에 도착했다
동백섬의 매서운 칼바람을 마신 뒤라
춥고 허기졌다

먹자골목은 비슷비슷한 간판과 즐비한 수족관이
경계가 없어 아무데나 대게가 보이는 집으로 들어섰다
좁은 통로를 거쳐 이층으로 올라가니
메뉴판 가격이 만만치 않았지만
오랜만에 식구들이 함께 비행기를 타고 온지라
포식하려고 자리를 잡았다

부산 아지매에게
대게 살을 발라먹는 방법을 들으며
식탐했다
어느새, 식탁 위에는 대게의 껍질이 여기저기 널브러졌다
시간이 흐를수록 대게껍질은
흑백 사진으로 변했다

제주국제공항 발굴현장의 모습으로
별도봉 일본진지 동굴 속 모습으로
제주 4 · 3공원 설치미술 공간으로

입술은 알코올 근처에도 안 갔는데
시공을 넘나들며
연좌제 같은 4 · 3을
고백했다

폭염 속에 꿩 한 마리 사라져

4·3공원 분양소를 향해 걸어가는데
더위를 먹은 꿩 한 마리
쫑쫑쫑
파란 억새 사이로 사라졌다

아무리 기다려도 움직임이 없어
가까이 가서 억새를 흔들어 보았다
여기저기 밟아보기도 했다
바람도 숨을 멎은 듯 고요하기만 하다

끄끄 꺽 꺽
안부를 기다리는 가족의 마음 같은
애끓는 소리만
어데서 간간이 들려올 뿐

철 이른 코스모스는 대책 없이
비쩍 말라 서 있고
그 뒤에 원추리 무리가 입을 다물고

호박말랭이 말라가듯 누워 있다

끄끄 꺽꺽
멀리서 들려오는 가족의 마음 같은
애끓는 소리만
간간이 들려올 뿐

곡하는 까마귀

웡이자랑 웡이자랑
자장가 돌담길 미로 끝에
아기를 가슴에 안은 여인
눈밭에 쓰러지듯
맨발로 무릎을 꿇고 있다

땡볕보다 더 뜨거운
본능으로
자식을 안은 모녀상
'비설'

등 뒤에서 지켜보는 까마귀 한 마리
폭낭에 앉아
아야, 아야
하늘 향해 곡을 하듯
가슴을 쪼고 있다

발굴자

4·3공원 광장 입구 블록 위에서
챙이 넓은 갈 모자를 똑같이 쓴 아지망들이
스티로폼 방석을 엉덩이에 차고 앉아
블록 사이사이에 낀 이끼를 긁어내고 있다

묵직한 커트 칼로 블록 모양 따라
북북
두부를 자른다
아지망들이 지나간 자리마다
지렁이만 한 시체들이
이리저리 나뒹군다

아직도 유해를 찾지 못한 유족들의 마음은
발붙일 데 없는 이끼처럼
폭염 속에서 검게 타고 있는데
오늘은
그 이끼가 밥을 먹여주는 것 같다

이덕구 산전

빈 밥상 위에
숟가락, 젓가락 한 벌
파란 이끼가 끼어 애처롭다

쫓기는 산짐승마냥
사냥꾼의 총을 피해
숲속으로 깊숙이
가시덤불 해치며 숨어들어온
외롭고 고독했던 길

언제 밥상이나 제대로 받아봤을까 싶어
어느 조각가가 만들어준
밥상 하나
파란 이끼가 낀 채
이덕구 산전을 지키고 있다

해마다 6월이면
이 산전을 찾는다는 두 사나이

이슬 같은 맑은 영혼의 시인과 가수

산전 앞에서
해설하는 시인의 입술이 떨리고 있다
숲을 달래며 울려 퍼지는 노래 소리에
산 까마귀도 숨을 죽인다

현해탄의 새

— 4·3 평화인권 마당극을 보고

고향이 있어도 고향을 찾지 못하는
고향을 애타게 그리워하면서도
고향 땅을 밟지 못하는
현해탄의 새

미국인도, 일본인도, 중국인도 마음만 먹으면
누구나 다 올 수 있는 땅
민족을 그리워하고 핏줄을 소중히 여기는
재일동포 조선인 3세
의철이만 오지 못하는
국적을 바꾸어야 올 수 있다는
조국 고향 땅
제주
김녕

당신은
조국에 대해서
핏줄에 대해서

재일동포 조선인 3세들의 삶에 대해서
한 번이라도 생각해 보았는가?
비수 같은 물음이 목에 가시로 걸렸다
날개가 있어도 날지 못하는
현해탄의 새

오사카에서 찍은 의철이의 영상과
놀이패 한라산 배우들의 연기가 오버랩 되면서
객석에서 흐느낌이 눈과 눈으로 번졌다
소리 없는 통곡이 이어졌다

소섬

그는 바다 한가운데서
한라산을 바라보며 평생을 살았다
꽃이 피고
녹음이 우거지고
단풍이 들고
만설을 바라보며
파도가 밀려와도 그는 평화를 꿈꾸며
행복했다

초식동물로 살던 그가
어느 날부터 잡식이 되었다
굉음소리를 들으며 그의 초원에 평화가 깨졌다
바다를 향해 돌을 던지는 사람들
콘크리트 뼈를 먹으며 그는 혼란에 빠졌다

깃발을 든 시민들
방패를 든 전경들
모두 다

평화를 위해 싸우고 있다고 한다

그는, 어떤 말이 참말인지
알 수 없어
오늘도 구슬땀을 흘리며
되새김질 하고 있다

백조일손

슬퍼하지 마라
우린 처음부터 하나였느니라
나, 너가 아니라
한 민족, 한 형제였느니라

콩 한쪽도 나누어 먹었듯이
우린 이미 살도 피도 뒤엉키며
마음도 꿈도 하나인지 오래느니라

돌담 위로 식게* 떡 나누어 먹었듯이
육십 평생 어둠 속에서
서로 부둥켜안고
우린 이미 하나가 되었느니라

지금은 간새 따라 올레길 걸어가듯
서로 용서하며
모두 함께 걸어가야 할 길

슬퍼하지 마라
우린 처음부터 하나였느니라
길 위에
찔레꽃 향기 그윽한
마음의 길 만들었노라

* 식게 : 제주 사투리로 제사

백제

광양로터리를 지나가는데
간판이 눈 속으로 걸어온다
역사책 속에서나 잠자고 있을 것 같은 이름 밑에
장군총 돌계단 같은 문이 내려져있다

그 문은 도굴꾼이 망을 보다
어둠이
그림자를 베어 물면
그때야 간판에 불이 켜진다
찬란했던 백제의 문화처럼
밤 풍경이
현란한 조명등을 타고
백마강같이 흐른다

낙화암 절벽 같은 막다른 골목에 선
조양의 가슴에도
뜨거운 강물이 흐른다
툭,

툭!

백제 미시촌에

동백꽃 지는 소리 들린다

국수 뽑는 날

기말고사 첫 시간
유리창 너머 4층 건물 옥상은
파란 페인트가 더욱 선명해 풀장 같다
잠자리 한 쌍이 바닥을 스치듯 오르락 내리락

복도 한쪽에서 시험 보는 소녀는
긴 머리카락을 손가락에 빙빙 감아 돌리다
엿가락처럼 쭉 쭉
시험지 앞에 놓고 국수를 뽑는다

열심히 다리 흔들고
입술을 오므려 좌우 돌려봐도
알쏭달쏭
아이고, 작은 탄성으로
국수를 뽑는다

시험지 뒷면에 만화를 그려봐도
필통 뒤집어 정리를 해봐도

시간은 멈추어버린 듯 널널하기만 하다
긴 머리 소녀가 지루해하는 학교생활이
중환자실 침대에 누워있는 어떤 소녀에게는
차마 그리운 시간인 것을 알 수 없기에

책상위에 엎드려
요리사가 되는 꿈을 꾸며
열심히 국수를 뽑는다

다행히도 오늘은 수요일
국수 먹는 날

광명사

여고시절부터 골목길 환하게 비추던 집
초가지붕이 슬레이트로, 슬래브로 바뀌어가도
세탁소 페인트칠이 군데군데 벗겨져도
간판 이름은 그냥 그대로 광명사

키가 큰 사람은 고개를 숙이고 들어가야 하는
집에서는 아무리 다림질하여도
펴지지 않는 주름
스팀으로 팍팍 펴주는 집

구겨지고 더러워진 양심도
가출한 엄마보다 알코올중독으로 병원에
입원해 있는 아빠를 더 그리워하는
다정이의 얼룩지고 상처받은 마음도
스팀 한방으로 펼 수만 있다면

요술램프 같은 낡은 재봉틀로
조각난 마음을 꿰매고

구겨진 마음도 다려줄 것 같은 집

이름 그대로
내 생에 반짝, 빛을 찾아줄 것만 같은
그 집

해설

빗소리 안에서 다시 듣는 것들

김병호(시인)

시를 읽는 일은 물론 공감과 감동을 나누기 위해서이다. 다소 교과서적인 정리이기는 하지만 시에서, 또는 여타의 예술에서 받은 한 번의 감동 때문에 인생이 새로운 국면을 맞는 경우를 찾는 일은 그리 어렵지 않다. 이것이 읽는 이에게 시를 마음으로 접하는 일이 중요한 이유이고 또 시로서는 자신의 존재를 힘껏 발휘하는 순간이기도 하다.

그러나 같은 업종에 종사하는 사람의 경우 시에 접근하는 방법에 있어 조금 차이가 날 수 있다. 시 쓰는 사람이 다른 사람의 시를 읽을 때의 마음가짐을 말하는 것이다. 이 경우 알게 모르게 꿈틀거리는 경쟁의식을 지우고 시에 접근하는 일은 그리 쉽지 않다. 자신이 밝힐 수 있는 것보다 더 빛나는 구절을 만났을 때, 시에 감동하고 몰입하는 과정에 시기와 질투라는 불순물이 섞이는 일은 흔하다. 그리고 이를 따라가다 보면 이 불순물의 출처가 무의식이 있는 곳 근처라는 사실을 알 수 있다.

시는 근본적으로 인생의 한복판에서 일어나는 사건들을 가공하는 작업이고 당연히 그 작업자는 사람이다. 시인이라고 일컫는, 시의 작업자는 성인(聖人)이 아니다. 또 시인이 될 수 있는 자격요건에는 훌륭한 인격이라는 항목은 없다. 시 쓰는 선배들의 말을 빌리자면 시인은 말 그대로 시정잡배(市井雜輩)이다. 잡배로 삶이라는 진창 안에서 뒹굴어야만 피부로 직접 느끼는 생생한 사건들을 건져 올릴 수 있다. 생생한 고통과 살아있는 아픔은 잡배의 온몸으로 얻어지는 것이다.

이렇게 시인은 그저 사람이다. 그리고 그저 사람이어야 하는 굴레 안에 있기에 시기와 질투 또한 당연하다. 자신이 가지지 못한 새로운 시각을 다른 이의 시에서 만났을 때, 한 칼에 목을 베는 섬뜩한 구절을 접했을 때 읽는 시인의 심정은 복잡하다. 이 복잡함 안에는 사람이기에 가질 수 있는 많은 부정적 감정이 섞여있지만 이것들은 다시 그로 하여금 시를 쓰게 하는, 더 좋은 시를 향해 발을 떼게 하는 추동력이 되기도 한다.

그러나 시인 김순선의 시를 따라가는 길에서 이런 복잡다단한 생각을 짊어지고서는 무거운 발걸음을 뗄 수 없다. 뭔가 툭 튀어나올 것 같은 긴장된 시선으로 시를 읽어서는 안 된다는 말이다. 모든 무장을 해제하고 주머니를 비우고 편안한 눈빛을 회복하지 않고서는 따라오지 말라는 당부를 먼저 만난다.

머뭇거리는 여름에
작대기를 하나 세워 놓고

지나간 세월을 갈아
주물럭
주물럭

녹색 감물에 노을을 풀어
활활 타오르는
단풍빛으로

다시 태어나기를

꿈꾸고 싶어라

—「감물 들이며」 전문

첫 시이다. 사람이 자연의 외피를 입기 위해서는 그저 벗으면 그만이다. 사람 또한 자연의 자식인지라 벗고 자연과 바로 살 부비면 될 일이다. 이렇게 편안하게. 그러나 사람에게는 이미 가릴 일이 많다. 자연의 색깔로 자신을 가리는 일은 그래서 차선이지만 큰 위안이기도 하다. 사람이 두를 천에 감의 색깔을 입히는 정경이 눈에 선하다. 감이 익어가는 철이면 여름은 떠나야하지만 아쉬움은 그 발길을 머뭇거리게 만든다.

감물로 다시 태어난 천들이 몸을 말릴 긴 빨랫줄 중간에 작대기 하나가 의지하고 있다. 빨랫줄이 작대기에 몸 걸치고 있는지 작대기가 빨랫줄에 기대고 있는지, 떠나기 싫은 여름이 작대기를 붙잡고 농을 거는지 알 수는 없지만 이것들이 어울려 뭔가 흐드러지고 있다.

지나간 세월을 갈면 노을이 되는가보다. 그래서 녹색의 감물에 노을을 풀면 단풍 빛이 물든다. 청춘이 단풍이 되는 과정은 그 자체로 처연하지만 이 과정에서 화자는 '다시 태어나기를 꿈꾸고 싶어' 한다. 이는 단순히 유년이나 청춘을 그리워하는 차원은 아닌 듯싶다. 나이가 들어가는 과정에서 생기는 흔한 욕망, 단순히 싱싱한 다른 삶을 원한다면

'다시 태어나기를 꿈' 꿔야 한다. 그러나 '꿈꾸고 싶' 다 라는 말은 꿈꾸는 일마저 스스로 용인할 수 없다는 단호한 윤리이다. 녹색의 청춘이든 잘 물든 노을빛 장년이든 꿈꾸어서 안 될 일은 없다. 그러나 화자 안의 누군가는 그런 꿈은 섣불리 꾸지 말라고 선을 긋고 있다. 어떤 욕망이 있되 그것을 욕망하지 말라는 내적 윤리이다. 이런 윤리적 감시의 틀은 여러 곳에서 찾을 수 있다.

이렇게 욕망과의 관계에 있어 긴장이 흐르는 지점, 그 중 대표적인 것이 나이듦과 외로움이 서로를 밀고 당기는 유역이다.

나이듦과 외로움, 이 둘은 일견 독립변수이다. 서로가 서로에게 영향을 끼치지 않는다는 말이다. 젊은 사람도 외롭고 늙은 사람도 외롭다. 나이 먹은 사람이 외롭지 않을 수 있고 젊은 사람이 외로움이 뭔지 모르는 경우도 많다. 수학적 논리로 따지면 이 둘은 인과관계가 없는 듯 보인다.

> 아침에 먹다 남은 나물들을 모두 넣어 고추장에 비빌 때쯤
> 나는 슬며시 수저 한 벌 머리 위로 올려놓는다
> 그 여자는 모른다
> 내가 원 플러스 원 밥상을 차린다는 것을
>
> —「그 여자는 모른다」 부분

아파트 윗집에 한 여자가 산다. 서로 마주친 적 없는 사람 사이에 아파트 층간을 이어주는 소리의 전파력은 많은 경우 서로에게 갈등의 원인이 된다. 그러나 어느 소리는 아래층에 사는 한 사람의 상상력을 자극한다. 여자의 구두소리는 점심 때 잠깐 다녀간다. 그때 화자는 '그 여자는 내가 하루 종일 그 여자의 집을 머리에 이고 있는 줄 모른다' 고 술회한다. 말하지 않아도 물씬 흐르는 외로움은 농도가 짙다. 나는 혼자가 아니라 그 여자의 집을 이고 있는 존재인 것이다. 이것도 치유일까? 이제 한 발짝 더 나간다. 나 혼자 먹는 점심에 그 여자를 위해 숟가락을 하나 더 얹는다. 마치 제례를 연상시키는 이 행동은 외로움이 승화되어 차디찬 도시공간을 따듯하게 끌어안는 제주(祭主)의 묵념과도 같다.

변기 위에 앉아 가만히 눈을 감으면
머리 위로 흐르는 시냇물이
내 몸의 고단함을 씻어준다
그 여자는 모른다
내가 원 플러스 원 샤워를 즐긴다는 것을

—「그 여자는 모른다」 부분

윗집 여자는 모두 잠든 새벽녘에 집에 들어와 샤워를 한다. 우연찮게 그 시간에 화자는 변기에 앉는다. 새벽녘 물소리에 잠을 깨는 대신 화자는 윗집 여자와 함께 샤워를 한다. 물소리만으로 마음을 같이 씻고 있는 것이다. 우리는 짐작할 수 있다. 물소리로 함께 마음을 씻는 정서를 가질 수 있는 화자는 여인이며 여인 중에서도 나이 든 여인이라는 사실을. 에로틱한 정서 대신 외로움을 외로움으로 끌어안는 초월적 공유는 젊은 사람에게서 찾기 힘들기 때문이다. 이제 하나의 작은 결론을 내릴 수 있다. 시인의 시선을 따르자면 나이듦과 외로움은 서로를 원숙하게 익혀주는 발효작용을 하고 있다는 사실이다.

쓰레기 버리러 집을 나서는데
그림자 졸졸 따라온다

쓰레기 버리고 돌아서는데
그림자 먼저 앞장서 있다

돌아서면 따라오고
돌아서면 앞장서고

엄마가 되었다
딸이 되었다

한참이나,
가로등 앞에서 그림자놀이하다
내가 먼저 엄마 뒤를 따라 나섰다

—「그림자놀이」 전문

당신은 골목 어귀에 서 있다. 그런데 우연히 나이 든 한 여인이 쓰레기를 버리러 나왔다가 그림자와 장난하는 모습을 보았다. 보는 이의 마음은 어떻게 움직일까? 주책이라는 생각이 잠깐 스치고 난 후, 저 천진함은 깊은 외로움이 넘치고 고여서 새로운 물질로 변화된 것이 아닐까? 라는 생각이 드는 순간, 보는 이는 스스로의 삶을 돌아보게 된다.

화자가 나이 든 여성이라는 사실을 우리는 짐작하고 있다. 그는 역시 누군가의 딸이었고 또 어느 딸의 엄마일 수 있다. 그러나 늦은 밤 골목에서 앞뒤의 그림자로 등장하는 엄마와 딸의 이미지는 부재의 향기를 짙게 풍긴다. 보통 앞장서는 이는 엄마이고 따라가는 이는 딸이다. 앞장서는 엄마는 딸을 재촉한다. 따라가려 손 내밀어도 엄마의 손은 사뭇 냉담하다. 이제 돌아본다. 보송한 딸이 있다. 잘 따라오는지 불안하다. 거기 있고 함께 가고 싶지만 뒤따르는 발소리가 안 들린다. 또 돌아본다. 그리고 아예 돌아선다. 그러자 앞에는 다시 엄마가 저만치 먼저 가고 있다.

이 불안과 안타까움의 그림자놀이는 부재의 한가운데, 외로움이라는 땅바닥에서 혼자 하는 행사이다. 이 놀이를 훌륭하게 소화하려면 인생의 깊이가 필요하다. 젊은이에게 닥친 외로움은 공포의 다른 이름이다. 그렇기에 외로움은 젊은 육체를 치 떨게 한다. 여기저기 광기의 피를 흘리고 포효하고 상처를 주고 깊게 상처받는다.

이 시는 외로움을 관계 전환의 놀이로 만들고 있다. 그리고 이 놀이에서 큰 아쉬움 없이 자리를 뜰 수 있는 서늘함은 화자의 깊이 없이는 불가능하다. 또 하나의 결론에 이른다. 외로움은 나이듦에 관해 새로운 자각을 열어주는 장치로 작용할 수 있다는 것이다.

나이듦은 대개 박탈감으로 다가온다. 신체적 불편함이 먼저 옭매고 그다음은 하나둘 떨어져나가는 관계들로 고립에 빠진다. 그러나 온전히 받아들이는 외로움은 나이 들어가는 자신과 주변의 관계에 대해 거리를 부여함으로 통찰할 수 있는 시야를 제공한다. 또는 반대로 나이가 들었기에 외로움의 구조와 깊이를 더 선명하게 바라볼 수 있고 거기서 다른 감성과 세계를 만들 수 있다는 사실이다.

따라서 외로움과 나이듦이 함께 머물 때에는 더욱 감당하기 힘들 것이라는 생각은 지레짐작이다. 이 둘은 새롭게 연결되어 서로를 깊게 비추고 있다. 이런 연결고리는 「주차장」, 「냉장고가 고장 나던 날」, 「저, 빗소리에」 등 여러 시편에서 찾아볼 수 있는 전체의 배경정서이기도 하다.

김순선의 시에서 지나칠 수 없는 또 하나 중요한 근간은 제주라는 지역성이다. 제주라는 지역성 안에는 일반적으로 두 종류의 시선이 자리 잡고 있다. 먼저 뛰어난 환경을 가진 관광 자원으로 바라보는 시각이고 또 하나는 피 냄새 진동하는 근대의 역사 현장이라는 사실이다. 시집의 곳곳에는 생활의 배경으로 빛나는 아름다운 제주의 풍광이 살아있다. 그리고 역시 4·3이라는 제주의 정신적 상처 또한 '잃어버린 마을' 이라는 하나의 챕터로 진하게 자리 잡고 있다.

먼저 삶을 풍요롭게 만드는 배경으로의 제주의 모습은 책장을 펼치는 곳 어디서건 만난다. 이런 식이다. 제주에서는 봄도 월대천으로 먼저 온다. 봄이 되어 가시가 사라진 "외도 바람" 에는 "노송의 향기가" 번지고 있고 "바다와 민물이 합방" 하는 그곳에는 "은어의 지느러미가 반짝" 인다. 신록을 즐기려 하는 산책도 "사려니 숲 황톳길" 이며 그 안에서는 "때죽나무 가지마다 꽃향기 만발해" 있고 "간밤에 내려온 하얀 별무리들이 눈이" 부셔 밟을 수 없다.

「풍경」에 등장하는 장소들도 명소이다. 봄비가 "모래밭에 장서를 썼다 지" 우는 곳도 '한두기 바다' 이며 갈매기가 시선을 멈추는 곳도 '사라봉 팔각정' 이다. 꼭 이 시의 화자가 아닌 누군들 이런 곳에서 "풍경이 되어 흔들리"고 싶지 않을까? 읽는 이의 질투가 무르익어갈 즈음, 시인의 목소리는 상처를 보듬는 새로운 이야기를 시작한다.

눈 감으면
그림책 하나 펼쳐진다
잃어버린 마을 곤을동
올레 돌담들이 미로처럼 이어져
동화 속 전설되었다

돌담과 돌담 구멍으로
가설극장 무대 효과음 같은
바람소리 쉥쉥 불어오고
관객 앞에 주인공 손을 흔들며
동네 사람들
돌담 위로 빙세기 얼굴 내밀 것 같다

단체사진 찍듯
돌담과 돌담이 어깨에 손을 얹어
카메라를 쳐다보고 있다
누가 먼저 '김치~' 하고 선창하면
'평화~' 하며 화답할 것 같다

누가 셔터를 누를 것인가?

—「잃어버린 마을」 전문

1948년이었다. 멸치잡이로 생계를 이어가던 평화로운 마을 곤을동에 일군의 군경이 들이닥친다. 경찰차를 훼손한 '빨갱이'를 색출한다는 것이 그들의 목적이었다. 이 신새벽이 다해야 50가구가 전부이던 곤을동 마을의 마지막이었다는 사실을 누구도 알지 못했다. 12명의 사람이 그 자리에서 죽임을 당했고 마을은 완전히 불타 없어진다. 시체는 묶여 바닷가에 던져졌다. 산 사람도 죽은 사람도 영문을 모르기는 마찬가지였다.

4 · 3으로 당시 제주 전체 거주자의 10%인 3만여 명이 죽었다. 이중 90% 이상이 민간인이었다. 잃어버린 마을 곤을동은 이 어마어마한 비극의 한 부분이지만 시인은 이 작은 마을의 흔적을 바라보면서 보다 큰 비극에 다가서고 있다.

사라진 마을 옆으로 올레길이 지난다. 많은 관광객들이 천천히 걸으며 제주의 풍광을 즐기는 올레길이지만 곳곳에는 이렇게 아픈 상처들의 흔적이 피 흘리고 있고 철이 되면 그 자리에 어김없이 유채가 흐드러진다.

상처는 자기가 상처라고 말하지 않는다. 지금 곤을동에는 관광객이 지날 뿐이다. 그저 전설에 나오는 미로길 같지만, 돌담 구멍으로 지나는 바람만이 작게 속삭이지만, 화자는 카메라를 들이대면 마을사람들이 '빙세기' 짓는 미소와 함께 돌담 위로 손을 흔들며 얼굴을 내밀 것 같은 환영을 본다. 그래서 그들의 대답은 복수와 원한이 아니라 '평화~' 이다. 이 말은 시간이 지나 잊혔기에 할 수 있는 말이 아니다. 상처가 깊고 깊어져 모두를 끌어안을 수밖에 없는 상황에서 나오는 미소의 화답이다. 이제 우리가 할 일은 '평화~' 라며 웃는 그들의 얼굴을 찍기 위해 '셔터' 를 누르는 일이다. 시인은 그렇게 당부하고 있다.

> 제주국제공항 발굴현장의 모습으로
> 별도봉 일본진지 동굴 속 모습으로
> 제주 4 · 3공원 설치미술 공간으로
>
> 입술은 알코올 근처에도 안 갔는데
> 시공을 넘나들며
> 연좌제 같은 4 · 3을
> 고백했다

— 「연좌제」 부분

시인에게 4 · 3은 연좌제이다. 마음으로 쓰다듬는 셔터를 누르고 싶다. 그러나 가족들과 놀러간 횟집에 앉아 즐거운 시간을 보내는 동안에도 순간 모든 장면들이 '흑백사진' 으로 변하기 시작한다. 그렇게 발굴현장이 되고 일본군진지가 되고 4 · 3의 상징으로 변한다. 그리고 고백할 수밖에 없다. 스스로 4 · 3과 연결되어 있다고. 그 상처가 내 몸의 일부라고. 상처와 역사가 어떻게 연결되어 있는지 잘 보라고.

등 뒤에서 지켜보는 까마귀 한 마리
폭낭에 앉아
아야, 아야
하늘 향해 곡을 하듯
가슴을 쪼고 있다

—「곡하는 까마귀」 부분